मेरे साईं
MY GURU BABA

Collection of 50 Spiritual Poems & भजन

JHUMUR ROY

INDIA • SINGAPORE • MALAYSIA

ISBN 979-8-89322-716-1

Dedicated to my parents
Late Shri GL Chakraborty and
Late Shrimati Suchitra Chakraborty

About the Author

I visit Shirdi quite often whenever Baba allows me to, but my visit in 2016 was really special. After bowing at the samadhi of Shree Sai, the priest gave me a silver colour pen. Delighted, I bowed down to Sai Baba with a big smile and a thankful heart. I was overwhelmed to receive the gift. Little did I realize the message behind the gift. Tears of happiness were rolling down my cheeks as it was the most precious gift to me. This time, I visited Shirdi with my sisters. My sister Reena suddenly reminded me that Baba was hinting at me about starting to write again. Though I was not too sure, since I had left writing poems long back. It was in my school and junior college days I had a liking for writing poems which were well appreciated and published in the local newspaper, my school magazine... my B. Ed college magazine and a few ones as well...after reaching home, I kept the pen in my treasure box. It was a very busy phase of my life; my daily routine used to keep me super busy. As months and years passed by, I completely forgot about the reason behind the gift though I was extremely grateful to Baba for it. I would look at it and think of starting to write again but would keep it back as no thought clicked. Years passed by. There was always guilt in my mind that I was not worthy of the gift which Baba had gifted me with so much love. It was during my recent visit to Shirdi last year, after praying at the samadhi mandir, that I told Baba, "I am sorry. Am I worthy of the gift? If yes, please pour thoughts into my mind, hold my hand, and guide me, Baba." As I stood outside the temple, certain incidents gave me a feeling Baba would help me write, and the impossible became possible. Baba started pouring ideas into my mind, and I started writing poems after a gap of more than 30 years 🙏 I started writing poems on Sai Baba in English, but then shifted to Hindi as well, inspired by Sai Satcharita and Sai Gyaneshwai. My Baba guided me continuously on my dream journey. Tears of joy and gratitude would roll though my eyes, ever grateful to the merciful Baba. Thank you so much, Baba 🤎 Within a span of eight to nine months, Baba helped me write more than fifty spiritual poems. My journey for these few weeks is inexplicable. I started writing in English but then shifted to Hindi; though my Hindi is not very strong, Baba helped me immensely to fulfill my desire...the most joyous phase of my life. I am grateful to my parents, Late Shrimati Suchitra Chakraborty and Late Shri GL Chakraborty 🙏 for bringing me to this world and their unconditional love. They have left the physical world and are under the loving care of Sai Baba. My three lovely sisters, my husband and my little princess, for all the help and support.

My mother was a great devotee of Sai Baba. Thanks, Maa, for all the love and support. You are indeed indispensable. Born and brought up in Nagpur, we would quite often visit Sai Temple on Wardha Road, and as years passed by, my faith and belief in Sai Baba became very strong. My father passed away last year on Vijayadashami tithi, and as we all know, Sai Baba, too, took his samadhi on the same day. I know my Maa and Baba are in the safest abode and loving care of Sai Baba. Janam janam tak daas tumhara banarahu vaar do. Om Sai Ram 🙏

Thank you, Sai, for giving me a direction in life. I wish to continue writing throughout my life.

I can be contacted via jhumurtanu@gmail.com

Contents

POEMS

बप्पा मोरया (भजन)

ढोल ताश बजे
और बजे मृदंग
आये आये आये बप्पा ख़ुशिया लेके संग
मूसक भी नाचे
बप्पा के संग
आये आये आये बप्पा ख़ुशिया लेके संग
शिवजी भी नाचे
नंदी के संग
आये आये आये बप्पा ख़ुशिया लेके संग
हर दिल में उम्मीद
हर दिल में उमंग
आये आये आये बप्पा ख़ुशिया लेके संग
धरती भी नाचे

स्वर्ग के संग

आये आये आये बप्पा ख़ुशिया लेके संग

साधु भी नाचे

और नाचे हर संत

आये आये आये बप्पा ख़ुशिया लेके संग

गम को ले जाये

हर्षित हर मन

हर साल आना बप्पा ख़ुशियो के संग

Way Toward Happiness

Clouds disappear, the sky is bright,

Twittering birds, dancing with delight,

Cool breeze replaced by fiery storm,

Waves of joy make one warm,

The shinning leaves, rainbow in the sky,

Cool showers help the soul purify,

Puzzling roads are so much clearer,

True Happiness seems not far but near,

Beyond the scorching heat and troublesome road,

Our Baba stands our hand, ready to hold,

Who am I? Why am I here,

Answers each query and makes it clear,

Your merciful look purifies our souls,

Waves of Happiness and tears of joy roll,

Ignorance stopped removing the darkness of the mind,

With your grace, True destination is sure to be found.

 Om Sai Ram

One With Sai

It's hard to get into Dhyana,

Maya has created a shell,

The endocarp is difficult to break, though, unless there's an endeavor.

The worldly illusions pull up the mind,

Thus, the glimpse of God is difficult to find...

The sweet kernel is not far off, though,

Let's demolish the way

that separates from Maya to Dhyana.

Deep in there is so much nectar, pure auspicious ambrosia,

Consuming it with Divinity

Makes us see God in all beings.

 Om Sai Ram

साईं नाम

प्रेम से पुकारो साईं दौड़े चले आते
सबूरी धर के देखो साईं हर वचन है निभाते
अंतर्यामी हैं साईं पापों को करते नष्ट
दया के सागर निवारें हर भक्त का कष्ट
भाव से लो मुख से साईं नाम
संकट टले सफल हो हर काम

प्रेम से पुकारो साईं दौड़े चले आते
सबूरी धर के देखो साईं हर वचन है निभाते

भक्तों के मन में बस भर दो तुम सुविचार
अंतर में झांक ख़ुद को परखे हम बारबार

स्मरूँ देवा मैं उपकार आपके कितने
मानव जन्म पाया है जितने

प्रेम से पुकारो साईं दौड़े चले आते
सबूरी धर के देखो साईं हर वचन है निभाते

🙏 Om Sai Ram 🙏

बाबा

संतों के संत है समाये दिल में
फिर किस बात का भय
हाथ पकड़ के मार्ग दिखाए
जीत निश्चित ही है

साईं है साथ तो सुख दुख की परवाह नहीं
जहां पुकारा पाया साईं को पास वही
दे दो वरदान हो जाऊँ तुम्हारी भक्ति में गुम
कल्पवृक्ष हो साईं नाथ तुम

संतों के संत है समाये दिल में
फिर किस बात का भय
हाथ पकड़ के मार्ग दिखाए
जीत निश्चित ही है

 Om Sai Ram

साईं सतचरिता

भटके भक्त को राह दिखाये

सतचरिता में छुपा है ज़िंदगी का सार

पाठ कर पाऊँ जवाब हर प्रश्न का हरबार

मधुर मधुर साईं लीलाओं से भरी है यह ग्रंथ

समेट कर अनमोल भेट भक्तों को दी है हेमाडपंत

पढ़कर इस महाग्रंथ को पाऊँ हरबार साईं को पास

एक बार पढ़के दिल न भरे बस बढ़ती जाए प्यास

मधुर मधुर साईं लीलाओं से भरी है यह ग्रंथ

समेट कर अनमोल भेट भक्तों को दी है हेमाडपंत

बाबा का जीवन समझाए यह सरल शब्दों में

हर समस्या का हल पाए हम इस महान ग्रंथ में

मधुर मधुर साईं लीलाओं से भरी है यह ग्रंथ
समेट कर अनमोल भेट भक्तों को दी है हेमाडपंत

 Om Sai Ram

ॐ साईं श्री साईं जय जय साईं
(भजन)

साईं मुझे शिरडी बुलाया करो
साईं मुझे मार्ग दिखाया करो
ॐ साईं श्री साईं जय जय साईं

साईं मेरे सपने में आया करो
हर पल साथ निभाया करो
ॐ साईं श्री साईं जय जय साईं

साईं मेरे घर पर आया करो
मेरे हाथ की रोटी खाया करो
ॐ साईं श्री साईं जय जय साईं

साईं बिगड़ी बात बनाया करो
साईं जीने की शक्ति दिया करो
ॐ साईं श्री साईं जय जय साईं

साईं तुम में विट्ठल दिखाया करो
भाव और भक्ति बढ़ाया करो
ॐ साईं श्री साईं जय जय साईं

साईं तुम्हारी ऊदी दिया करो
हर रोग से मुक्ति दिलाया करो
ॐ साईं श्री साईं जय जय साईं

साईं भक्तों के दिल में समाया करो
मुक्ति का मार्ग दिखाया करो
ॐ साईं श्री साईं जय जय साईं

साईं अपना ध्यान रखा करो
भक्तों की सेवा स्वीकार करो
ॐ साईं श्री साईं जय जय साईं

मैं भटक गया जो राह से कभी
मुझे मार्ग दिखाया करो
ॐ साईं श्री साईं जय जय साईं

जब थक के मैं विश्राम करूँ
अपनी ममता बिखेरा करो
ॐ साईं श्री साईं जय जय साईं

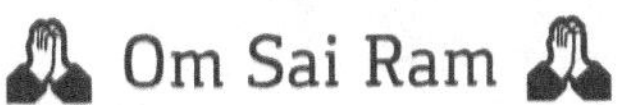 Om Sai Ram

साईं बाबा है ना

हमारे साईं बाबा है ना

हमे किस बात की फ़िकर

हमारे साईं बाबा है ना

तूफ़ान को झेले हम डटकर

हमारे साईं बाबा है ना

फिर साथ छोड़े कोई

ख़ुशियो के आँसू से

मन मेरा रोये

हमारे साईं बाबा है ना

हर वचन वह निभाते

सद्गुरू साईं नाथ दीनों के नाथ कहलाते

हमारे साईं बाबा है ना

हमे किस बात की फ़िकर

हमारे साईं बाबा है ना

तूफ़ान को झेले हम डटकर

न गिरने का है भय

जीत निश्चित ही है

सब सहने की बाबा देते है शक्ति

भक्तों को सहज ही मिल जाती है मुक्ति

हमारे साईं बाबा है ना

हमे किस बात की फ़िकर

हमारे साईं बाबा है ना

तूफ़ान को झेले हम डटकर

Om Sai Ram

जाला

नीचे कुछ ना देख पाऊँ
ऊपर चढ़ने की है होड़
बादल छूने की है कोशिश
धुंधला लागे जग सारा

जो भी आए राह में
कुचल कर रख दूँ पाँव से
सबसे बड़ा सबसे धनवान
सबके मुख में मेरा नाम

नाम लिया जब राम का
स्वार्थ मन में रख
जग बंधन में उलझ चुका तू
मुक्ति पावे कब

साईं नाम से

जाग रे मन भोर भई

बाबा के काकड़ आरती से कर दिन की शुरुआत

तन मन कर स्थिर

नित्य करम कर फिर

दिन हो सफल साईं नाम से

कर दिन की शुरुआत साईं जाप से

दास गणू महाराज को कोटी कोटी नमन

दी है हमे भेट अनेकों अद्भुत भजन

कोटी कोटी नमन हर साईं भक्त को

चुना है जिन्हें बाबा जगत कल्याण को

अपने प्रिय सेवकों में चुनो साईं मुझे भी

कमियों कर दूर स्वीकारो सेवा मेरा भी

श्री साईं चरण

क्षण क्षण करूँ स्मरण
सुख देते सद्गुरू चरण
साईं के चरणों में पाऊँ उत्तर हर प्रश्न का
इतनी भक्ति दे दो प्रभु बनू निष्ठावंत तेरे चरणों का

साष्टांग प्रणाम करूँ प्रभु तुम्हें मनोभाव से
मेरे साईं है परम कृपालु दुख हरते दीनों के
साईं के चरणों में शरणागत होकर देख
जन्म सार्थक होगा बदलेगी क़िस्मत की लेख
तेरे चरणों में लेके शरण कोई न लौटा ख़ाली
सबूरी रख कर देख हे मानव ख़ुशियो से भर दे झोली

हर दुख हरते बाबा तेरे पावन चरण
श्रद्धा और सबूरी से करूँ तुम्हारा स्तवन

🙏 Om Sai Ram 🙏

साईं दर्शन

लंबी है कतार, हर मुख में तेरा नाम
साईं तेरे भक्त अनमोल, इकट्ठा हुआ हर कोने से
सबकी मनोकामना होगी पूरी, तेरे पावन दर्शन से

बिना रिश्ते के जुड़ चुके सब
मन है व्याकुल तन है व्याकुल
मिलेगी शांति दर्शन होगी जब

लंबी कतार हुई सहज ही पार
दर्शन पाकर हर मन है हर्षित साईं
तू ही मित्र, तू ही साथी, तू ही बाबा, तू ही माई

माया का जंजाल है सारा
सगे संबंधी तन और धन
सब छूटेगी एक दिन साईं
निरंतर करूँ तेरा स्मरण

रह जायेगा सब धरा यही
कोई नहीं जायेगा साथ
भवसागर पार करा दो बाबा
रखो सदा पकड़े मेरा हाथ

 Om Sai Ram

साईं साईं (भजन)

सुख में साईं, दुख में साईं
रोम रोम में साईं साईं

ध्यान में साईं, जाप में साईं
रोम रोम में साईं साईं

मुश्किल में साईं, विश्वास है साईं
रोम रोम में साईं साईं

मोक्ष है साईं, मुक्ति है साईं
रोम रोम में साईं साईं

भाव है साईं, भक्ति है साईं
रोम रोम में साईं साईं

मुझ में साईं, तुझ में साईं
रोम रोम में साईं साईं

कृपा है साईं, दया निधि है साईं
रोम रोम में साईं साईं

शिव है साईं, कृष्ण है साईं
रोम रोम में साईं साईं

हिंदू है साईं, मुस्लिम है साईं
रोम रोम में साईं साईं

महासंत है साईं, परम शांति है साईं
रोम रोम में साईं साईं

रक्षक है साईं, सर्वस्य है साईं
रोम रोम में साईं साईं

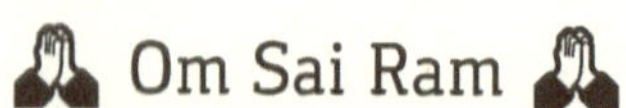

साईं कृपा

एक बार जो जाएँ शिरडी
बार बार फिर दिल ललचाए
प्यास उसकी बढ़ती ही जाएँ
साईं की भक्ति में समा जाएँ

दूर देश में होगा गाँव तेरा
पुकारा साईं ने तो आना ही होगा
साईं ने अगर चुना है तुझको
भक्त तुझे बनना ही होगा

जात न माने धर्म न माने
बस देख केवल मन तेरा
जो ना माँगा वो भी पाएँ
कृपा दृष्टि से गले लगाए

भक्त वत्सल साईं नाथ

सा‍ईं करो मेरे हृदय में वास
मैं साफ़ रखूँ इसे दिन रात
फूल चुनू जो आप को भाये
चरणों में अर्पित वह हो जाये

मैलो से रखूँ हृदय को कोसो दूर
साईं है सबके न हो मन में गुरूर
श्रद्धा का मैं दीप जलाऊँ
हर वक़्त साथ अपने तुम्हे ही पाऊँ

शाम सवेरे भोग लगाऊँ
बॉट के सबसे प्यार से खाऊँ

हर पल हर वक़्त साथ में रहना
श्रद्धा और समर्पण का दो गहना

परम कृपालु मेरे साईं नाथ
भक्त वत्सल दीनानाथ

 Om Sai Ram

साईं स्मरण

साईं है ब्रह्म विष्णु महेश

शुरुआत भी साईं और वे ही शेष

साईं मेरे दया के सागर

अपनी कृपा से भर दो मेरी गागर

विट्ठल भी साईं, रामकृष्ण भी आप

बंधु सखा और माँ बाप

धनवान के साईं दिनों के भी हो तुम नाथ

बलहीन के भी साईं, हर भक्त का देते साथ

हर भक्त को साईं राह है दिखाते

स्मरण कर के देखो हर कठिनाई वे हरते

साईं ही आस

साईं तुम कितनो के आस
बुझाते हो हर भक्त की प्यास

संकट के घड़ी में पाऊँ तुम्हें ही पास
हर भक्त के दिल में तुम्हारा ही वास
हर भक्त के दिल में आस
बनु बाबा का भक्त ख़ास
वर दो हर जन्म में बनूँ
बस तुम्हारा ही दास

कोई ना लौटा ख़ाली साईं के दरबार से
जो भी माँगो देते है साईं अपने ही हिसाब से

साईं के साथ बाँटें ख़ुशिया हो या ग़म
सत्य कर्म करते चले चुपचाप दिन रात हम

साईं तुम कितनो के आस
बुझाते हो हर भक्त की प्यास

 Om Sai Ram

साईं का साया (भजन)

साईं करते कितनी फ़िकर
हर भक्त के बारे में
मैं धन्य हो गया जीवन जीकर
तेरे साये में

साईं तुम बस साथ में चलना
हर उजाले और अंधेरे में
मैं धन्य हो गया जीवन जीकर
तेरे साये में

साईं मेरे माता पिता बंधु भी मेरे साईं
मार्ग दिखाए साईं बाबा जीवन जीने में
मैं धन्य हो गया जीवन जीकर
तेरे साये में

प्यार से पुकारे प्रकट होते साईं
विश्व के हर कोने में
मैं धन्य हो गया जीवन जीकर
तेरे साये में

 Om Sai Ram

बाबा साईं (भजन)

शक्ति भी साईं
भक्ति भी साईं
सुकून भी दिलाये साईं
आस भी साईं
प्यास भी साईं
पहचान दिलाए साईं
सद्गुरू भी साईं
ज्ञान राशी भी साईं
पूजनीय है साईं

बाबा का साथ

अंतर मन को टटोल ज़रा तू

पुरानी हर बात छुपी है जहां

जीवन दरिया में बहता चला कहाँ

हर कर्म का रख हे मानव तू हिसाब

सही ग़लत कर्म समेटा है मन का किताब

अंतर मन को टटोल ज़रा तू

पुरानी हर बात छुपी है जहां

जीवन दरिया में बहता चला कहाँ

जीवन नामी इस किताब का हर पन्ना रख हे मानव साफ़

भूल चूक अगर हुई है हमसे साईं करदो हमे माफ़

अंतर मन को टटोल ज़रा तू

पुरानी हर बात छुपी है जहां

जीवन दरिया में बहता चला कहाँ

दरिया में कभी न बहूँ अगर पकड़ूँ साईं का हाथ
जीवन लहर को पार कराये, जब बाबा हो हमारे साथ

🙏 Om Sai Ram 🙏

At Your Mercy, Sai

We are ignorant people on Earth.

With your Raham Nazar, make our life worthy,

Take us to the righteous by holding our hand;

Bowing at your lotus feet in your mercy, we stand,

Oh! Parabrahma, you are an ocean of kindness,

We Bow to you to receive divine happiness,

Help us to shed our Ego and our Pride,

In the true path of salvation, please guide.

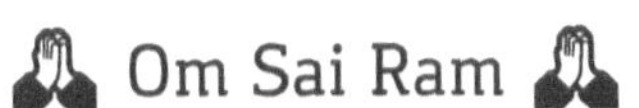 Om Sai Ram

Sai's Words of Wisdom

Karma is powerful, the reason for our rebirth,

To obtain liberation should be our soul's aim on Earth,

Normal, natural life is destiny,

Present karma is not so,

Present good karma will not in vain go.

Life is an award of karma of the past,

Cursed life results from deeds of the birth last.

What Sai says is the absolute truth, no doubt

Thus of it, we should think seriously about it.

Kama is powerful, it distracts the mind and makes it unstable,

Out of all enemies, it's the most treacherous and able.

Rein kama with self-control before you slip into its hand,

It can destroy one completely before one can understand,

Greed is good for the holy name of God,

Practice it daily to be with God.

 Om Sai Ram

Guruveh Namah

I make all sincere efforts to please my Guru,

In his mercy, I stand.

Every karma I create is guided by my Guru; in his mercy, I stand.

World's an illusion, and Brahma's the reality, says my Guru,

In his mercy, I stand.

To proceed on the path of salvation, I need my Guru's blessings,

In his mercy, I stand.

God Supreme is my Guru; in his mercy, I stand.

I stand holding my Guru's feet; there is no need to be afraid,

In all the ups and downs, I will surely be saved.

 Om Sai Ram

Eternal Peace

Make me the stick of the drum,

Screaming your name Oh! Lord,

In such a crisp and clear way,

I wish to bang my heart day and night,

So that no evil thought exists.

Make me the stick of the drum. Oh! Lord,

That creates Bhakti in a million hearts,

Every time I bang on the drum,

My body with Bhakti fills.

I praise the Lord such loud and clear

so that no evil thought exists.

As days pass, I am tuned more

into the performance of perfection;

Bless me, be the sound that spreadswaves of love and devotion.

Make me be the sound that pulls millions toward devotion.

Bless me, be the reason for people's happiness,

To proceed on the true path of Eternal peace.

 Om Sai Ram

My Baba

The moment I think of you, Oh! Baba,

The good thoughts, like a fresh shower of rain,

Run through my veins.

You lead a simple life on Earth,

We are full of wants all throughout our birth,

My Baba lead the simplest life ever,

Unfulfilled, the desires of his bhaktas are never,

How could you survive on Alms, Baba??

You lead a life so simple, so very simple,

Spreading such a strong message,

The moment I think of you, Oh! Baba,

The good thoughts, like a fresh shower of rain,

Runs through my veins.

Power, position, and money will go in vain in the end,

Karmas will last forever,

Let's truly mend.

Bless your devotees and keep them on the path right,

At your mercy, we stand holding your feet tight.

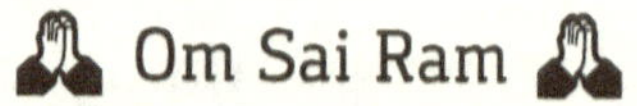 Om Sai Ram

Mumukshu

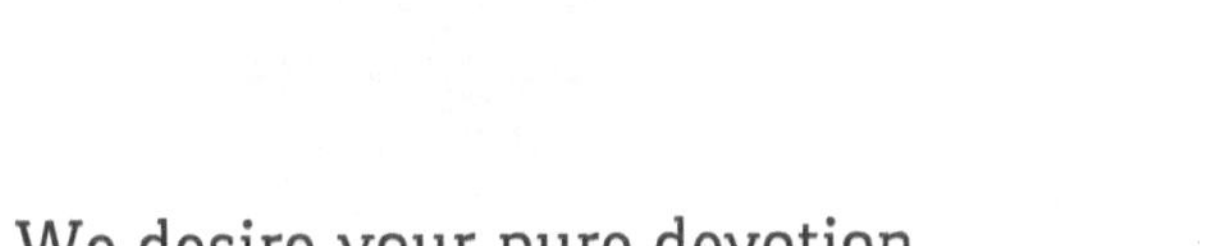

We desire your pure devotion,

We desire your pure affection,

You are the truth, Sai.

The material world is a delusion,

Pour our heart with devotion, pure.

This glittering world is misleading for sure,

Make us eager to find and meet you,

Make us eligible to be a Mumukshu person,

And to merge in your divine love for certain.

 Om Sai Ram

Way Toward Salvation

Blessed is the person whose mind is

calm and stable
With meditation and chanting

something which is able.

Blessed is the mind which has peace

through devotion,

Otherwise, it's difficult to reach God and attain liberation.

Blessed are the souls that follow the spiritual path each day,

To attain liberation, there is no other way,

Spiritual knowledge is like a beautiful fountain,

It is the Brahma in all deities and Sumeru

among all mountains,

Liberation walks up, and God bows down to those souls,

Engraving spiritual knowledge in the heart

is whose goal,

Not easy, though and needs amounts of efforts large,

Following the Guru's instructions will lead to the righteous path,

By the evening of our life, our inner self will

be pure and awakened

as death is certain
immersed in God's love, if our body we leave,

Sai says salvation is assured; do believe.

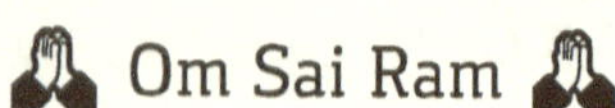

🙏 Om Sai Ram 🙏

Sadguru Sai

Baba is our perfect master,

Wonderful and miraculous is his power,

He treats alike prince and poor,

All our wishes are fulfilled for sure.

Our Baba is pervasive and merciful,

He saves his devotees from this worldly

an ocean so dreadful,

We surrender to your lotus feet and bow

our head,

You are refuge to the timid, it is rightly said,

In such easy words, you impart spiritual wisdom,

You are a treasure of compassion,

The whole world is your kingdom,

You rest where there is pure devotion and complete surrender,

And help to overcome lust, greed, hatred, ego, jealousy and anger,

He that suffers and endures pleases you the most,

You bless such devotees tenfold.

You are our Lord, and we are your humble slave,

We surrender to your lotus feet with kind grace.

 Om Sai Ram

Way Toward Meditation

In the divine garden of my thought,

With the grace of almighty, which I have bought,

With chosen fruits, birds and flowers in my sight,

Fountains, Mountains and Sunshine bright,

Colorful butterflies dancing here and there,

Bright sun rays and divine fragrance everywhere,

With Baby steps, I proceed each day,

Though there's craziness and laziness someday,

My Sadguru comes daily to the garden to meet me,

Advice, mend, to calm my mind and guide me.

When Baba's form is fixed in the mental vision of mine,

The consciousness of worldly pleasure

disappears with his power divine.

By purifying our mind, He helps to attain self-realization,

To eradicate all subtle thoughts and reach salvation,

The meditation of Baba grows apace in a calm mind,

Bliss and contentment are sure to be found,

The Sagun form of Baba appears ever before my eyes,

Complete union with Sai is not possible otherwise.

Bow To Shree Sai, Peace Be To All

Give me a mind that surrenders the Sadguru,

A hand full of charity, lips full of hearty smiles,

Eyes that see the Divine.

Heart full of kindness,

Feet that are grounded well,

Life full of positive growth,

A dream that has a vision of God.

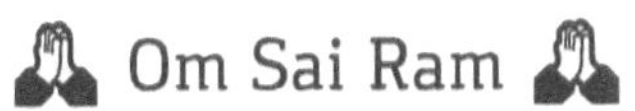 Om Sai Ram

Always

Blessed is the soil of Shirdi

As Baba would walk on it,

Blessed are the plants of Lendi Baugh

As Baba would water them daily,

Blessed is the neem tree at Shirdi

As my Sai took shelter under it,

Blessed were the people living then

as they saw God in human form,

Blessed are his innumerable Bhaktas

whose Shraddha in Sai is unshakable.

Sai blesses his devotees immensely by,

Guiding, protecting, monitoring, uplifting, curing, directing and cleansing - ALWAYS.

 Om Sai Ram

We Are Baba's Bhakt

Oh! Sai, we place all our faith in your lotus feet,

Without your blessings, our journey is incomplete,

Baba, our future is in your hands,

Bowing and surrendering ourselves, we stand.

Like a puppet, you pull the string, and we dance,

At times, your leelas are hard to understand.

People are drawn to you from far off or even across

the seven seas,

Like a sparrow with a string fastened to its feet,

Make me capable of receiving your gift,

If we listen to your stories, we shall surely benefit,

Whenever and wherever we think of you appear,

Before realizing it was you, Baba, you suddenly disappear.

Oh! Merciful Baba, there's no word to describe your glory,

We can receive tenfold if we meditate on your stories,

Let us drink the nectar of your leelas and meditate on it,

Be grateful to receive your grace and Assimilate it.

 Om Sai Ram

Baba's Help

I beg to receive your blessings, Baba,

Allow me to hold your hand tight,

Help me cross this wild forest safely,

Please guide me to the path right.

I beg to visit Shirdi often

and make efforts to know God;

I beg to touch your lotus feet, oh Sai,

and make sincere efforts to know the Lord.

I wish to read Satcharita several times,

And the ladder toward salvation climbs,

I wish not to appreciate myself,

And criticize others like a fool,

I wish not to judge others,

And during crises, maintain my cool.

 Om Sai Ram

WANTS

Gift me a heart like a child, oh! God,

Ever happy, joyful, and innocent,

Gift me a book where I write good karma,

Ever praising, ever thankful to the almighty
God...

Gift me a garden that is lush green,

Ever reminding our true selves,

Gift me a place in the heart of my motherland,

Ever reminding to be grounded well,

Gift me each day pure water to drink,

Ever energized with every sip,

Gift me a piece of cloth. Oh! God,

To keep my gifts clean,

So that no dust, no lust accumulates on them,

No moss, no rust can ever destroy.

 Om Sai Ram

Shraddha And Saburi

When we fall

Sai helps us to rise

The tricks played on us

Thus makes us wise.

Our good God Sai

Is there to hold our hand

And victorious in life

We shall stand.

Shraddha and saburi is the key to lead

Complete faith and surrender

Is what we need.

 Om Sai Ram

मेरे साईं

जब दिल में उदासी है छाई
मेरा सहारा तुम्ही हो साईं
जब साथ न दे जग सारा
साईं मेरे तुम्ही हो सहारा
गुरु चरण में लीन हो मन
सदा रहु तेरे शरण

तेरे नाम लिए करू सब काम
फिर किस बात की चिंता मुझको
गुरुनाम है सबसे पवित्र
चलते फिरते नाम जपू

नाम जपते बिताओ दिन

पर छोड़ो न कर्तव्य कभी

गिरने का रहे न भय

सद्गुरू की कृपा से कभी

जगत का खेल सरल नहीं है

श्रद्धा और सबूरी रख कर देख

बदल जायेगा साईं नाम से

तेरे किस्मत का लेख

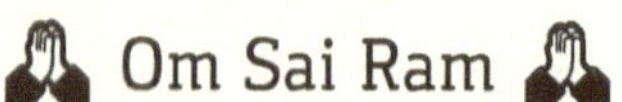

अनुरोध

दीन दयालु परम कृपालु
बाबा मेरे सदा ही जीवित
श्रद्धा से पुकारो, वहीं हैं साईं
भेद भाव न कभी किया

सारा जग है मतलब का साईं
स्नेह से देते हो आसरा
जब सच्चे मन से पुकारा तुमको
हर संकट को टाल दिया

अल्पमति क्या समझे लीला तेरी

माँग बैठा जो लगा सही

सोच समझ कर दिया तुमने

बाबा जो सह सकूँ वही

बस जानू तेरा नाम

पाप न जानू पुण्य न जानू
बस जानू तेरा नाम
तुझपर अटूट विश्वास रख कर
करू पूरा हर काम

भाव न जानू भक्ति न जानू
बस जानू तेरा नाम
तेरे चरण में शीश नवाऊँ
बस यही पाऊँ चारो धाम

सुख न जानू दुख न जानू
बस जानू तेरा नाम

कृपा दृष्टि रख हे करुणाकर
कोटि कोटि तुझे प्रणाम

अभिमान न जानू अहंकार न जानू
बस जानू तेरा नाम
साईं तेरी लीला समझ सकूँ मैं
देदो मुझ में इतनी ज्ञान

साईं शरण

किस बात का गुरूर करूँ में साईं
सब तुम्हारी कृपा से है पाई
जनम मिला तो निश्चित है मरण
सुधारकर कर्म जाऊ तेरे शरण

बीच राह पर संकट अगर आये
साईं कृपा से पार हो जाएँ
भटक गया जो कभी भक्त तेरा
दामन थामे रखना मेरा

सही गलत का पहचान कराओ
नम्र और संतुष्ट मुझे बनाओ
जनम मिला तो निश्चित है मरण
सुधार कर कर्म जाऊँ तेरे शरण

 Om Sai Ram

साईं सारथी

हर दिल में छुपे है साईं
पहचान सकूँ इतनी क्षमता देना
कष्ट औरों का समझ सके हम
इतनी क्षमता हमको देना

निःस्वार्थ सेवा का दरिया है साईं
आओ इसमें डूब जाएँ हम
सच्चे भक्त का कर्तव्य निभाये
अंत काल में न हो कोई गम

साईं के दिखाये राह में चले हम सब
दूर नहीं फिर मंज़िल है
वैभव और मोक्ष निश्चित ही मिलेगा
जब सारथी हमारे साईं है

 Om Sai Ram

ज़िंदगी एक त्योहार

अंतर को राखू मैं साफ़

इधर करे साईं निवास

दिखावा धन का करूँ न कभी

साईं की कृपा से मिला है सभी

सदा प्रेम करूँ हर जीव से

स्मरण करूँ बाबा का निष्ठ से

मानव जीवन देकर साईं ने किया उपकार

हँसकर जीऊँ इसे ज़िंदगी एक त्योहार

तूफ़ान अगर आये साईं पार लगाये

संकट से लड़ने की शक्ति बाबा ही दिलाये

हर जनम पाऊँ साथ बाबा का कर्म ऐसा करूँ
हिम्मत और राह दिखाए बाबा हर
मुश्किल से मैं लड़ू

🙏 Om Sai Ram 🙏

हर जनम पाऊँ साथ बाबा का कर्म ऐसा करूँ
हिम्मत और राह दिखाए बाबा हर
मुश्किल से मैं लड़ू

साईं स्मरण

सुकर्म करे बिना कैसे मिलेगा सुख

व्यर्थ ही ढूँढे मन और मिले दुख

कई सुख और दुख भुगतेगे पानी है इसी बीच मुक्ति

देदो साईं बाबा जीवन जीने की शक्ति

साईं ही उम्मीद हमारे साईं राह दिखाते

निर्मल हृदय है बाबा का आश्रय हर भक्त है पाते

बाबा हरते हर भक्त का दुख

झोली में भर देते हैं अपार शांति और सुख

कर्म करता चल हे प्राणी ना विचार कर फल का

मेरे साईं बाबा है ना स्मरण करूँ हर दिन उनका

रहो हमारे पास

नीम के तले रहते है महान संत

जिनकी लीलाओं का नहीं कोई अंत

हर दिन हर पल भक्तों का रहता डेरा

साईं मय कर दो बाबा यह जीवन हमारा

भक्त का नहीं छोड़ते बाबा कभी हाथ

भवसागर पार करा दो बाबा रहो सदा साथ

झूठी दुनिया झूठी शान से रखो बाबा हमे दूर

विनम्र बनाओ बाबा हमे न हो किसी बात का गुरूर

पवित्र रखे हम अपना घर, प्रेम से करेंगे साईं वास

चरणों में जगा दे दो बाबा रहो सदा हमारे पास

बाबा का सेवक

बाबा का सेवक बना रहूँ मैं
दे दो इतना वरदान
बाबा का सेवक बना रहूँ मैं
बस करूँ साईं का गुणगान
बाबा का सेवक बना रहूँ मैं
दया के सागर साईं संत महान
बाबा का सेवक बना रहूँ मैं
जब तक रहे प्राण
बाबा का सेवक बना रहूँ मैं
रहूँ बाबा के प्रति निष्ठावान
बाबा का सेवक बना रहूँ मैं
चाहे घुमूँ सारा जहाँ
बाबा का सेवक बना रहूँ मैं

हर जीव में बाबा को पाऊँ जानवर हो या इनसान

बाबा का सेवक बना रहूँ मैं

अंत समय लू साईं का नाम

बाबा का सेवक बना रहूँ मैं

सुबह हो या शाम

🙏 Om Sai Ram 🙏

सच्चे साथी

भागवद् ना जानूँ

बस किया है हर पल साईं तेरा ध्यान

साईं का ध्यान लगाके पाया हर मुश्किल का समाधान

हर पल साथ निभाते बाबा ज़िंदगी का सुबह हो या श्याम

कोई न साथ निभाये ऐसा मेरे सद्गुरू साईं बाबा के जैसा

अंत समय तक साथ निभाये

सच्चे साथी साईं नाथ ही कहलाये

🙏 Om Sai Ram 🙏

साईं संत महान

मेरे बाबा है महान संत
जिनकी ना आदी ना अंत
जिनकी लीलाये है अनंत
ऐसे महान है साईं संत

मेरे बाबा है करुणा के सागर
भर दे हर भक्त का गागर
प्रेम भाव से जिसने पुकारा
साईं ने ना कभी नकारा

प्रणाम द्वारकमाई के महाराज को मेरे
जिनकी कृपा से आत्मउन्नति का पथ है मिला

साईं के पदकमलो में राहु लीन सदा
जन्म जन्म का साथ है साईं तुम्हारा और मेरा

मेरे बाबा है महान संत
जिनकी ना आदी ना अंत

 Om Sai Ram

स्वीकारो साईं

मुरली वाले के धुन पे नाचे ये सारा संसार

साईं ही है राम रमईया साईं ही श्रीधर

बंजारे मन को बख्शो स्थिरता

सदा जीवन जिये माँग के भिक्षा

ऊदी से हर रोग को करते ठीक

रहम नज़र की माँगे हम तुमसे भीख

माता पिता भाई बंधु सबकुछ तुम हो मेरे

साईं नाम का दीप जले दिल में साँझ सवेरे

जीने की शक्ति चिंता से मुक्ति

तुमपर मेरा अटूट है भक्ति

मुझपर तुम बस इतना करो उपकार

हर जनम अपना दस करना मुझे स्वीकार

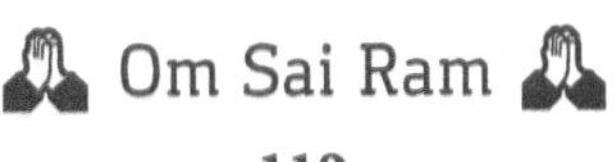

न जाने

अंधेरे में भी रोशनी की तलाश में रहूँ
न जाने कब साईं से मुलाक़ात हो जाएँ
दिल में ना किसी बात का गुरूर पैदा करूँ
न जाने कब वह चूर चूर हो जाएँ
राह चलते हर मुसाफ़िर से प्रेम से बोलू
न जाने किस रूप में साईं दर्शन दे जाएँ
हाथ लिए हर काम को श्रद्धा से पूर्ण करूँ
न जाने कब साईं की नज़र पड़ जाएँ
हर पल हर लम्हा पूर्णता से जियूँ
न जाने कब ज़िंदगी ख़त्म हो जाएँ

दया के सागर (भजन)

◁———————▽———————▷

साईं भक्ति
साईं भक्ति
साईं भक्ति करूँ मैं तेरी
मेरा कर दो बेड़ा पार

साईं चरण
साईं चरण
साईं चरण पड़ा मैं तेरे
मेरा कर दो तुम उद्धार

साईं लीला
साईं लीला
साईं लीला है तेरी न्यारी
मैं देखूँ बारम्बार

साईं पूजा
साईं पूजा
साईं पूजा करू मैं तेरी
सुख शांति दिलाये हर बार

साईं नगरी
साईं नगरी
साईं नगरी है मेरी काशी
घूम आऊँ बारम्बार

🙏 Om Sai Ram 🙏

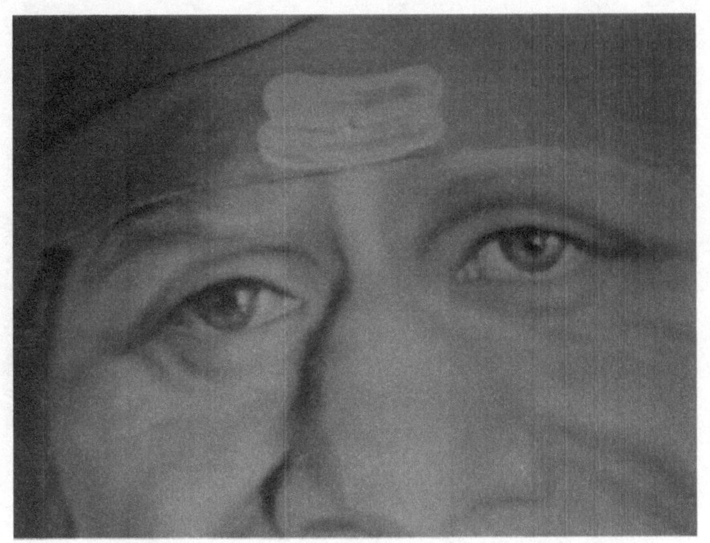

बाबा के नैन

मेरे साईं के नैनों में समाये
भक्तों के लिए प्रेम अपार
हर चंचल हृदय को शांत करे
शक्ति और ममता नैनों में भरे

नैनों से नष्ट कर दें सब पाप
कृपा दृष्टि से करे हृदय को शांत
हर प्रश्न का उत्तर साईं के नैनों में पाऊँ
मैं तीरथ धाम फिर क्यों जाऊँ

कितने सुंदर कितने मोहक
हैं नैन साईं बाबा के

सद्गुरू रहो समीप नज़रो के
दुख भय शोक करदो दूर अपने रहमों नज़र से

काम न कभी ऐसा करू साईं
न मिला सकूँ नैन तेरे नैनों से
पापी लोभी भक्त तेरे हम
हर पल करूँ सत्य कर्म

इतनी कर दो कृपा हे साईं
नैन खुले हो या हो बंद
बस तेरा ही दर्शन पाऊँ
सब में तुझे ही पाऊँ मैं जहाँ जहाँ जाऊँ

🙏 Om Sai Ram 🙏

www.ingramcontent.com/pod-product-compliance
Lightning Source LLC
Chambersburg PA
CBHW022016150726
47990CB00002B/680